Découvrez l'histoire par les archives de presse

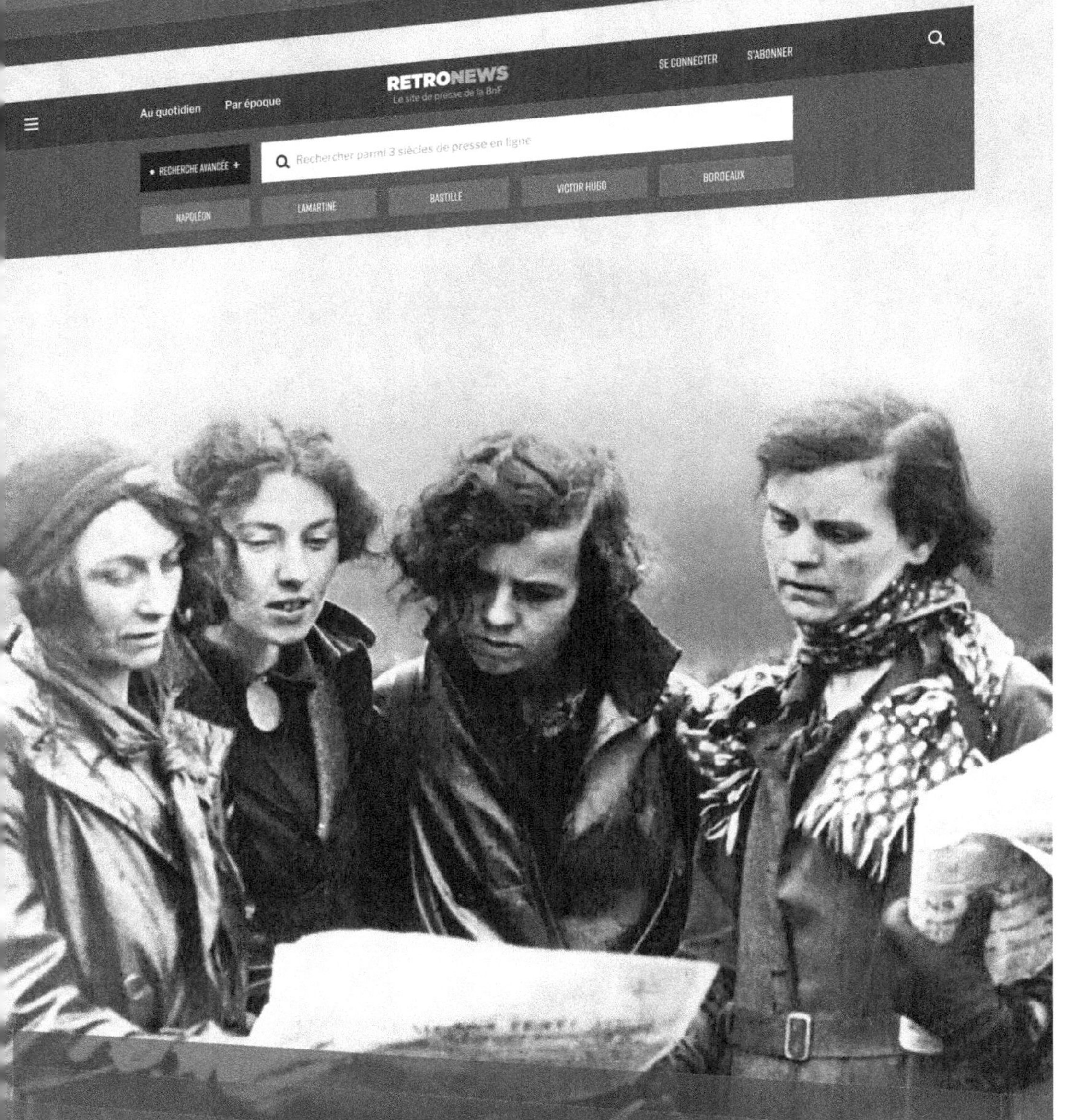

RETRONEWS

Le site de presse de la BnF

www.retronews.fr

BULLETIN

DE LA

SOCIÉTÉ D'AGRICULTURE,

INDUSTRIE,

SCIENCES ET ARTS

DU

DÉPARTEMENT DE LA LOZÈRE.

TOME 2ᵐᵉ

ANNÉE 1831.

MENDE,

IMPRIMERIE DE J. J. M. IGNON.

SOCIÉTÉ

D'AGRICULTURE, INDUSTRIE, SCIENCES ET ARTS

DU DÉPARTEMENT DE LA LOZÈRE.

BULLETIN DE JUILLET ET D'AOUT 1851.

Séance du 2 juillet 1851.

PRÉSIDENCE DE M. VACHIN,
en l'absence de MM les Président et Vice-Présidents.

Étaient présents : MM. Ignon, secrétaire-perpétuel ; Rous ; l'abbé Baldit ; Bécamel ; Laurens (Paulin), membres ordinaires ; Ignon (Edouard), membre associé.

Le procès-verbal de la dernière séance est lu et approuvé.

Le secrétaire-perpétuel communique la correspondance qui offre les résultats suivants :

Lettre de M. le Ministre de l'agriculture et du commerce, en date du 10 juin 1851, qui autorise le changement de destination d'une somme de 200 fr. pour être employée à l'achat de graines de plantes fourragères, destinées à être distribuées à prix réduit.

Lettre de M. le Ministre de l'instruction publique, en date du 7 juin 1851, qui informe de l'envoi des Bulletins de la

— 54 —

Société, publiés pendant les quatre premiers mois de 1851 ,
aux diverses Sociétés savantes auxquelles ils sont destinés et
remercie de l'envoi des trois exemplaires pour son ministère.

Bulletin du ministère de l'Agriculture et du Commerce,
N° 4 — Avril 1851.

Annales du commerce extérieur , N° 534 à 537 — Avril
1851. — Envoi du même ministère.

Annales de la Société centrale d'horticulture de France.
— Livraison de mai 1851.

Bulletin des travaux de la Société nationale d'horticulture
de la Seine.

Recueil de l'Académie des Jeux floraux — 1851.

Programme des prix à décerner en 1852 par l'Académie
des lettres, sciences, arts et agriculture de Metz.

Compte-rendu des travaux de la Société d'agriculture de
l'arrondissement de Grenoble , pendant l'année 1851 , par
M. le conseiller Paganon, président de la Société. — Bulletin N° 18.

La Réforme agricole. — Avril 1851.

Questions des houilles et de l'affermage des canaux. —
Chambre de commerce de Metz — 1851.

Il est donné ensuite lecture de deux lettres , l'une de M.
Auguste Chevalier, propriétaire au Tuffe-lès-Mende, en date
du 25 juin dernier, et l'autre , à la même date, de M. Baffie, Pierre, propriétaire à la Panouse, qui annoncent qu'ils se
mettent sur les rangs pour concourir à l'obtention de la prime
de 300 fr. La Société , considérant que le délai primitivement
fixé , par son avis du 4 juin 1851 , au 1er juillet suivant pour
manifester l'intention de prendre part à ce concours , pouvait, sans inconvénient, être prorogé, a arrêté que ce délai

expirerait le 15 août prochain, à la charge par les concurrents de remplir les formalités prescrites par l'avis précité, qui a été adressé à MM. les Maires du département, et inséré dans son Bulletin de mai et juin derniers, page 41.

M. Ignon communique une note sur un sceau en plomb trouvé, vers le milieu du mois de juin 1851, dans un champ au quartier de la Boissonade, commune de Lanuéjols.

Ce sceau, qui avait dû être attaché à quelque charte, présente d'un côté un chevalier chevauchant sur son destrier. — Légende : S : ODILONIS GVARINI †. (C'est-à-dire : *Sigillum Odilonis Guarini.*)

℞ Un écu d'or parti de trois, coupé d'un au premier de gueules, à la pointe d'argent, qui est du Tournel. — Légende : S : GVIGVONIS : DE TORNELO : (C'est-à-dire : *Sigillum Guigonis de Tornelo.*)

« Odilon Guérin de Châteauneuf-Randon, troisième fils
» de Guigue Meschin, épousa, le 20 octobre 1210, Margue-
» rite du Tournel, héritière de la baronnie de ce nom, et
» en prit, suivant l'usage du temps, le nom et les armes. »
(*Généalogie de la maison de Châteauneuf-Randon.*)

La maison du Tournel, à laquelle appartient ce sceau, était l'une des plus anciennes et des plus considérables du Gévaudan, de laquelle était sorti le chevalier Guérin, qui fut évêque de Senlis, chancelier de France, et commanda l'armée du roi à la bataille de Bouvines, l'an 1214.

Les auteurs de l'histoire générale de Languedoc n'ont point cité ce sceau parmi ceux contenus dans les 8 planches du tome V, pages 683 et suivantes de leur savant ouvrage.

Comme document inédit qui se rattache à l'histoire du Gévaudan, qui faisait partie de cette province, il ne sera peut-être pas sans intérêt de constater cette trouvaille, dans un moment surtout où une réunion d'amateurs d'archéologie, sous le titre de *Société de sphragistique*, annonce la publication d'un recueil de documents et de mémoires relatifs à l'étude spéciale des sceaux du moyen âge et des autres époques.

Dans une notice insérée dans le 5e volume des Mémoires de la Société (1831), page 133, M. Ignon avait cité deux sceaux des Evêques de Mende, et il se propose d'en communiquer d'autres qu'il a acquis depuis lors.

Séance du 6 août 1851.

PRÉSIDENCE DE M. DE THILORIER.

Etaient présents : MM. Ignon, secrétaire-perpétuel ; Rous ; l'abbé Baldit ; Vachin ; Marcé, D. M. ; de Lescure (Edmond) ; et Laurens (Paulin).

Le procès-verbal de la dernière séance est lu et approuvé.

Le secrétaire-perpétuel communique la correspondance, qui offre les objets suivants :

Bulletin du ministère de l'Agriculture et du Commerce. — Mai 1851.

Annales du commerce extérieur (Nos 538 et 539), mai 1851. — Envoi du même ministère.

Annales agronomiques, recueil de Mémoires sur l'agriculture. Comptes-rendus des missions données par le ministère de l'Agriculture et du Commerce et des expériences tentées dans les établissements nationaux d'instruction agricole, publiés par ordre de M. le Ministre de l'agriculture et du commerce, 1re série. — Février, mars et avril 1851.

Mémoires de la Société des lettres, sciences et arts de

l'Aveyron. — Tome 5e, 1844-1845; — tome 6e, 1846-1847; — tome 7e, 1848-1849-1850.

Annales de la Société économique, d'agriculture, commerce, arts et manufactures du département des Landes. —

Annales de la Société centrale d'horticulture de France. — No de juin 1851.

Bulletin des travaux de la Société nationale d'horticulture. — Mai supplément et juin 1851.

Annales de la Société d'agriculture du département de la Gironde. — 6e année, 2e trimestre 1851.

Bulletin de la Société centrale d'agriculture et des comices agricoles du département de l'Hérault. — Janvier, février et mars 1851.

Le *Moniteur des Campagnes*, revue des progrès agricoles, publié par M. Max. le Docte. — Bruxelles, juillet 1851.

Précis historique sur l'hôpital de la marine à Cherbourg, par M. de Pontaumont, trésorier-archiviste de la Société académique de Cherbourg.

La Réforme agricole. — Mai 1851.

Lettre de M. Victor Viala, propriétaire à Malpertus, commune et canton de Langogne, qui se met sur les rangs pour la prime de 300 fr. — Renvoi au jury des primes d'encouragement.

Il est arrêté que la Société se réunira extraordinairement le 16 de ce mois à l'effet de statuer sur les mesures à prendre pour décerner cette prime.

M. Marcé donne lecture d'une partie de son rapport sur la mission qui lui avait été confiée par la Société comme délégué à l'exposition universelle de Londres, et il promet de communiquer la suite à une prochaine séance.

Séance du 16 août 1851.

Présidence de M. de THILORIER.

Etaient présents : MM. Ignon, secrétaire-perpétuel ; Rous ; de Lescure (Edmond) ; Laurens (Paulin) ; Chevalier, membres ordinaires ; Valantin, membre associé.

Le procès-verbal de la dernière séance est lu et approuvé.

Le secrétaire-perpetuel donne communication de la correspondance, qui offre les objets suivants :

Lettre de M. le Préfet, en date du 11 août, qui, d'après la demande de M. le Ministre de l'intérieur concernant les musées, pose à la Société les questions suivantes sur celui qu'elle possède, avec invitation de lui transmettre les réponses qui y seront faites :

« Quelle est la date de son origine et quelle a pu en être » l'occasion ?

» Dans quel bâtiment est-il installé, et dans quel état se » trouve ce bâtiment ?

» Quelles sont les ressources affectées à sa conserva- » tion ?

» Quels sont enfin les objets d'art de toute nature » qu'il possède ? Dans quel état sont les inventaires et » catalogues ? »

Renvoyé au comité de questure pour s'occuper de ce travail.

Annales agronomiques, recueil de Mémoires sur l'agriculture, etc., publiés par ordre du ministère de l'Agriculture et du Commerce.

Bulletin de la Société industrielle de Mulhouse. — N° 112, 1851.

Table des matières des 20 premiers volumes du Bulletin de la Société industrielle de Mulhouse.

Mémoires de la Société d'agriculture, du commerce, des sciences et des arts de Calais. — Années 1844 à 1851.

La Réforme agricole. — Juin 1851.

Il est ensuite donné communication des lettres écrites par MM. Assenat, propriétaire cultivateur au Mas d'Armand, commune de Langogne, et Chabalier, propriétaire à Palhères, commune de Rocles, qui se mettent sur les rangs pour prendre part au concours de la prime de 300 francs.

M. Vachin demande d'admettre au concours pour cette prime le sieur Burlon (Pierre), fermier au domaine du Choisal, commune de Balsièges, dont l'exploitation peut figurer parmi celles les mieux dirigées.

La Société admet cette présentation et arrête la liste suivante des concurrents, dans l'ordre de leurs demandes :

MM. CHEVALIER (Auguste), propriétaire au Tuffe-lès-Monde ;

BAFFIE (Pierre), propriétaire à la Panouse ;

VIALA (Victor), propriétaire à Malpertus, commune de Langogne ;

ASSENAT, propriétaire cultivateur au Mas d'Armand, *Idem* ;

CHABALIER, propriétaire à Palhères, commune de Rocles ;

BURLON (Pierre), fermier au Choisal, commune de Balsièges.

M. le Président est invité à désigner, parmi les membres de la Société, des délégués pour visiter les exploitations de ces concurrents, en tenant compte, pour chacune d'elles, conformément aux instructions ministérielles, de la nature du sol, des différences de situation, ou de toute autre condition particulière digne d'être notée, et de consigner, dans dans des bulletins en blanc qui leur seront remis, les renseignements qu'ils auront recueillis, avec prière de remplir leur commission aussitôt qu'ils le pourront.

Par une lettre en date de ce jour, M. le Préfet propose à la Société de remplir, conformément à la loi du 20 mars dernier, l'office de comice agricole pour l'arrondissement de Mende.

La Société accepte cette proposition aux conditions spécifiées dans la circulaire ministérielle du 13 août courant.

COMPTE-RENDU

DES OBSERVATIONS FAITES A L'EXPOSITION UNIVERSELLE

DE LONDRES ,

Par M. MARCÉ, D.-M. ,

DÉLÉGUÉ DE LA SOCIÉTÉ , MEMBRE ORDINAIRE.

Séance du 6 août 1851.

MESSIEURS ,

La mission dont vous m'avez chargé étant terminée, je viens vous rendre compte du résultat de mes observations.

L'exposition universelle des produits de l'industrie au palais de cristal a dû fixer presque toute mon attention pendant mon séjour à Londres; cependant avant de quitter l'Angleterre, j'ai voulu visiter plusieurs fermes signalées, avec raison, comme pouvant nous servir de modèle, ainsi que les principales usines des environs de cette grande cité.

Je ne ferai qu'énoncer aujourd'hui les points principaux sur lesquels j'ai plus particulièrement concentré mon attention, et plus tard, dans une série de notices, semblables à celle qui vient après ce premier et sommaire compte-rendu, je présenterai à la Société l'exposé complet de mes observations. Ces notices vous seront successivement présentées, suivant l'ordre du programme que vous m'aviez donné.

Je crois, Messieurs, qu'il est heureux qu'un de vos membres ait pu se rendre à Londres, pour y observer ces innombrables produits de l'industrie humaine, tous classés avec un ordre admirable dans ce splendide bazar du monde; car c'est bien là, mais là seulement, qu'on peut voir, dans un espace aussi resserré, quelles sont les innombrables et beu-

8

reuses transformations que les travailleurs des différentes nations ont §pu faire subir à la matière, et qu'on peut saisir, en les étudiant, les ingénieux procédés à l'aide desquels elles se sont opérées. C'est encore là qu'on peut acquérir les seules connaissances pratiques vraiment utiles à l'homme, et qu'on peut en quelques jours s'approprier le résultat des longues et dispendieuses expériences que tous les autres ont fait. C'est assez dire, selon moi, qu'il faudrait compléter ce qui est commencé, et envoyer à Londres quelques ouvriers intelligents, représentant chacun une profession différente. Le Conseil-général de la Lozère va bientôt se réunir, ne serait-il pas bien de lui en faire la proposition?

Cette exposition de Londres restera certainement le fait le plus important du xixe siècle ; un pareil spectacle ne sera probablement plus offert à la curiosité et à l'instruction des hommes ; nous ne devons donc reculer devant aucun sacrifice pour en profiter tous, et pour cela il suffirait, je crois, de mettre quelques travailleurs intelligents à même de l'aller observer ; il faudrait pour cela seulement leur en fournir les moyens.

Ma visite au palais de cristal, et aux environs de Londres, a considérablement modifié l'idée que j'avais encore de notre département. Ainsi je crois aujourd'hui fermement que, par le fait, la Lozère n'a rien à envier aux départements voisins ; qu'il suffira, quand nous voudrons la faire sortir de son infériorité momentanée, d'utiliser les nombreuses ressources que la nature y a disséminées avec une incroyable profusion ; sans doute, pour cela, il faudra bien faire quelques efforts, mais qui se réduisent après tout à imiter ce qu'on fait ailleurs. Nous pouvons aisément améliorer les différentes races de nos animaux domestiques, utiliser de manière ou d'autre nos admirables et nombreux cours d'eau, exploiter nos riches

et abondants gisements métallifères , récolter les végétaux utiles qui y abondent, et leur faire subir les nombreuses préparations nécessaires pour les réduire aux différents
états sous lesquels l'industrie les recherche , etc. , etc. C'est
par ces moyens que nous pourrons transformer l'état actuel
de notre Lozère , améliorer les conditions d'existence de ses
habitants , trop généralement malheureux , et élargir nos relations industrielles trop restreintes encore.

Au palais de cristal , j'ai vu exposées , par différentes nations , une quantité et une variété considérable de matières
premières. La France aurait pu , sous ce rapport, prendre
à l'exposition un des premiers rangs ; la Lozère aurait pu
s'y faire remarquer ; mais , par une erreur peu regrettable au fond , elle n'était littéralement pas représentée.
Les propriétaires de mines, minières, carrières, etc. ; les
herboristes et tant d'autres ont cru tous, jusqu'au dernier moment, que les matières brutes ne pouvaient point
être admises. Mais , qu'importe ? nous avions assez à faire
pour loger convenablement tous nos objets d'art , admirables chefs-d'œuvres qui nous ont, sous ce rapport , placés
bien au-dessus de tous les autres peuples. Les Anglais ont
exposé une collection remarquable de plantes médicinales et
tinctoriales , dont la Lozère et les départements voisins ont
en grande partie fait les frais. Ne devrions-nous pas, Messieurs , vulgariser chez nous ce genre d'industrie qui donne
lieu à de grandes et nombreuses opérations commerciales.

La Compagnie des Indes , l'Amérique , l'Espagne en première ligne , puis ensuite , sur le second plan, plusieurs autres nations , ont exposé une quantité prodigieuse de riches
échantillons de leurs substances métallifères : beaucoup sont
sans rivaux sans aucun doute , mais cependant j'ai mis en
regard ceux de leurs échantillons qu'on pourrait appeler de
second ordre , des échantillons provenant de nos Cevennes ;

et ceux-ci ont dignement soutenu la comparaison. Tous les renseignements que j'ai pris me font penser que nos gisements seront exploités, même avec plus de succès que les leurs à cause des conditions topographiques où ils sont placés : routes excellentes, voisinage de combustible, nombreux cours d'eau, main-d'œuvre à bon marché, abondance de la matière, etc., etc.

Les Chinois, en première ligne, les Américains et les Hon… rois ensuite, ont présenté la plus belle collection possible de substances alimentaires. Leurs froment, seigle, orge, avoine, fèves, pois, etc., sont sans rivaux. Chaque espèce y est représentée par des échantillons de toutes ses nombreuses variétés. Nous devrions, par l'entremise de nos agents consulaires, nous procurer des échantillons de toutes ces substances et nous livrer ensuite à une expérimentation sérieuse ayant pour objet de déterminer quelle espèce, quelle variété de ces différents produits nous pourrions substituer, avec avantage, aux espèces similaires que nous cultivons encore.

Les environs de Londres sont parfaitement cultivés ; c'est bien là que nous devrons aller chercher nos renseignements ; leurs fermes sont de toute beauté. Toutes leurs opérations sont soumises aux inflexibles et continuelles appréciations du calcul, et dirigées de manière à obtenir progressivement des résultats meilleurs ; avec un admirable bonheur et toujours à propos, ils savent mettre à contribution toutes les sciences. Au contact de ces agriculteurs industriels de premier ordre, j'ai été amené à penser que la question la plus importante à résoudre, dans l'intérêt de ce département, ce serait la transformation par croisement de race qu'il faudrait faire subir à notre espèce ovine.

Nous allons donc aujourd'hui étudier cette première question.

RACE OVINE.

Le mouton est un animal domestique de la famille des ruminants, à corne creuse. Les naturalistes veulent qu'il soit un descendant du mouflon, qui existe encore à l'état sauvage dans quelques régions montagneuses de l'Europe.

La race primitive de cet animal a subi partout des transformations sans nombre. Le cultivateur intelligent de chaque pays l'a manié, malaxé au point de lui faire prendre le type et les qualités que chacun d'eux a bien voulu rêver; aussi combien de variétés ne retrouvons-nous pas dans la race ovine? Sa queue, embryonaire d'abord, a pris un accroissement prodigieux, parce qu'un africain l'a ainsi voulu; ses cornes ont disparu chez quelques nations d'Europe, tandis qu'elles prenaient un développement double chez l'indien; sa tête, grosse et longue primitivement, s'est considérablement rapetissée entre les mains de l'anglais et de l'espagnol; dans quelques régions enfin l'agronome lui a donné un fanon; le hollandais l'a forcé à se plaire dans ses prairies humides, tandis qu'ailleurs on le rendait omnivore. Il est donc bien vrai de dire que l'homme peut malaxer cet animal comme il veut, certain, en dernière analyse, de lui faire prendre, partout et toujours, le type et les caractères qu'il entend lui imprimer.

Notre département nourrit une grande quantité de bêtes à laine; cependant nous n'avons de troupeaux considérables que sur nos montagnes, sur nos causses et dans quelques vallons. Nous n'avons que deux races bien caractérisées, bien distinctes; nous les connaissons tous : la grosse espèce qui se présente si belle à Aubrac, et sur tout le terrain granitique, et la petite espèce qui se nourrit sur le sol calcaire et par fois siliceux de nos causses arides.

Examinons rapidement quelle transformation avantageuse nous pouvons faire subir à l'une et à l'autre race; la question peut être singulièrement simplifiée, car il suffit d'examiner : 1° ce que nos bêtes à laine ont de bon pour le leur conserver, ce qu'elles ont de défectueux, d'imparfait pour le corriger; 2° quelles sont les races pures avec lesquelles on pourrait opérer un croisement heureux, certains d'obtenir un bon résultat; 3° enfin comment on peut, sans frais appréciables, sans rien changer aux habitudes tardigrades de nos agriculteurs opérer cette transformation ?

Nos bêtes à laine, de l'une et l'autre race, possèdent des qualités incontestables que l'agriculteur doit leur conserver autant que possible ; ainsi la grosse espèce se recommande par le grand développement de son corps, la longueur de sa laine et sa robusticité. La petite espèce est précieuse sur nos causses, car elle est organisée d'une manière toute spéciale et complètement appropriée à la nature de ce sol. Son dur sabot ne se laisse jamais entamer par les débris pierreux et presque partout mobiles sur lesquels elle court sans cesse, elle peut sans fatigue sillonner, parcourir en tous sens une grande surface et se contenter, en définitive, pour toute nourriture, de quelques rares graminées, de quelques plantes aromatiques, de la racine ligneuse de quelques plantes serpigineuses, de l'*anonis arvensis* principalement.

Mais à côté de toutes ces bonnes qualités on trouve de nombreux défauts, qui ont besoin d'être signalés. Ainsi la grosse espèce se présente avec des vices nombreux de conformation : charpente osseuse trop développée, corps grêle et long, pas assez étoffé (musculeux) sur les côtes, dos et reins trop étroits comparativement à la longueur ; poitrine trop resserrée, laine trop peu soyeuse, pas assez tassée, manquant d'homogénéité ; développement tardif et peu d'aptitude à l'engraissement. La petite espèce se retrouve ayant les mêmes défauts.

Les qualités et les imperfections de l'une et l'autre race

étant connues, on peut facilement, et sans grande dépense, opérer un croisement de manière à faire disparaître les défauts de l'une et de l'autre, tout en leur conservant ce qu'elles ont de bon. Il suffit pour cela d'opérer progressivement le croisement de nos races avec des béliers pur sang, nés et élevés en France et représentant une espèce supérieure chez laquelle on a corrigé les défauts que nous venons de signaler, et de donner le temps aux produits de ce nouveau sang de s'acclimater dans sa nouvelle patrie, sur le terrain qui doit le nourrir.

Deux espèces, déjà naturalisées depuis longtemps dans nos départements du nord, me paraissent très-propres à opérer la transformation que nous nous proposons. Je veux parler des anglo-mérinos et des dishley pur sang, tels qu'on peut se les procurer à Alfort. Pour justifier ce choix, après avoir donné les caractères organiques de nos bêtes à laine, il suffira, je pense, de mettre en regard le signalement de ces deux belles races. Il est à-peu-près le même pour l'une et l'autre.

On leur trouve les caractères suivants : Haute taille, charpente osseuse grêle ; corps long, épais, volumineux (ressemblant assez à nos tonneaux) ; tête petite, sans cornes, chanfrein droit ; yeux gros et vifs ; cou court, mince, sans fanon ; épine dorso-lombaire horisontale ; dos et reins larges et aplatis ; épaules fortes, poitrine ample, flanc court, jambes fines et grêles, peau mince, laine lisse, soyeuse, longue de 30 à 35 centimètres, disposée en mèches, peu chargée de suint, toison pesant ordinairement 2 kilogrammes, quand l'animal a terminé sa deuxième année.

Le dishley est très-prolifique ; un bélier peut couvrir cent brebis ; il est doué d'une grande aptitude à l'engraissement ; à deux ans, on le voit parvenu à son complet développement.

Si le dishley et l'anglo-mérinos se ressemblent beaucoup quant a la conformation extérieure, ils ne se ressemblent guère par les goûts, ni par leurs besoins ; ainsi le dishley n'aime pas les sols arides, craint la chaleur et surtout la fatigue, il lui faut un terrain gazonné, où il puisse tranquillement se procurer une nourriture abondante ; l'anglo-mérinos, au contraire, ne craint pas la chaleur, il est dur à la fatigue et peut se nourrir partout ; c'est assez dire qu'il faudrait croiser notre petite espèce avec les anglo-mérinos, et la grosse avec les dishley. Il résultera de ce croisement, s'il est fait méthodiquement ainsi que nous l'indiquerons, que nos troupeaux s'approprieront le beau type matériel anatomique de ces deux belles races, tandis que leurs descendants prendront les goûts et la rusticité de nos bêtes à laine, et que leur taille, arrivés à la troisième et quatrième génération, sera complètement appropriée à la quantité de nourriture que peut leur fonrnir chaque localité.

Et là ne se borneront pas les résultats heureux qu'on peut attendre de ces croisements ; car on peut dire *à priori*, que la grosse espèce de nos montagnes conservera sa haute structure, qu'elle deviendra moins osseuse, plus charnue ; que sa laine, pour le moins aussi abondante, sera plus fine, d'un plus haut prix, et enfin qu'on aura des troupeaux d'une croissance de moitié plus rapide et essentiellement plus propres à l'engraissement. La petite espèce s'améliorera da la même façon : c'est-à-dire que les descendants de ces croisements prendront successivement les caractères anatomiques de la race pure, étrangère, et en même temps les goûts, les mœurs de la race indigène ; mais il faut pour cela un certain laps de temps, il faut se bien persuader que l'amélioration ne sera complète qu'à la quatrième génération ; que c'est alors, mais pas plus tôt, que les nouveaux troupeaux reproduiront bien le type primitif de la race supérieure et les mœurs de la race absorbée.

Si, voulant introduire dans ce pays une espèce ovine d'un plus beau type que la nôtre, nous faisons venir un troupeau complet, comme l'ont déjà fait plusieurs de nos devanciers, l'insuccès est assuré, et cela par la raison toute simple que ces nobles animaux ont accoutumé des soins que nos agricul-teurs ne leur donneront jamais; qu'il leur faut des bergeries plus spacieuses, mieux aérées, mieux tenues que les nôtres; qu'ils ont accoutumé d'ailleurs un climat plus chaud, une alimentation différente, et que l'animal, une fois adulte, ne supporte plus impunément de pareils et aussi nombreux changements. Il ne faut pas non plus attendre tout d'un premier croisement et se rebuter comme l'ont déjà fait plu-sieurs d'entre nous, parce que les enfants d'un premier croi-sement n'ont pas complètement reproduit le beau type du père et la rusticité de la mère indigène; car si on devait agir ainsi, il serait parfaitement inutile de tenter la moindre amélioration, il faudrait en rester où nous sommes.

Pour opérer le croisement que je propose, rien n'est plus simple; aucune amélioration plus importante, d'ailleurs, ne saurait être entreprise avec plus de certitude de succès et une avance d'argent moins considérable, nous n'avons qu'à imiter ce qui a déjà été fait dans quelques départements du nord, qui s'applaudissent depuis plusieurs années d'avoir écouté les conseils de M. Yvart.

Voici comment il faudrait procéder à ces croisements, si on veut être certain d'obtenir les résultats que j'ai fait espérer :

On lâche dans le troupeau des béliers pur sang de l'espèce qu'on veut adopter. Il faut en avoir autant qu'il y a de fois cent brebis; les béliers ordinaires doivent immédiatement être évincés de la reproduction; les enfants qui résulteront de ce premier croisement reproduiront en partie les carac-tères du père, mais seront délicats, réclameront des soins plus assidus que ceux qu'on donne généralement à nos troupeaux ; puis, l'année suivante, arrivera la deuxième génération qui sera comme la première. A la troisième année on évincera de la reproduction les jeunes béliers métis et les jeunes brebis métisses résultant d'un premier croisement seront données à de nouveaux béliers pur sang, tirés de la source même. On procèdera avec ce troupeau métis comme on a procédé au début, les béliers métis seront écartés de la reproduction, les premières mères disparaîtront aussi, et les jeunes brebis métisses seront livrées à de nouveaux béliers pur sang, jusqu'à ce qu'enfin elles soient elles-mêmes évincées à la fin de la troisième année, pour être remplacées à leur tour par les représentants de la génération qui leur succède, etc. Cette opération peut se faire sans beaucoup de frais : les béliers pur sang, après avoir amélioré un troupeau, servi deux ans, peuvent être revendus et ne pas laisser une très-grande perte ; il suffira, pendant quatre ou cinq ans, d'un peu plus de soin et d'une nourriture un peu meilleure d'abord, mais que toutes les années on rapprochera davantage de celle qu'on peut régulièrement fournir. Les avantages qu'on retirera de cette amélioration, si elle peut être obtenue, intéressent tout le pays ; le cultivateur se fera un revenu plus considérable ; la laine, de qualité supérieure, fera rechercher les produits de nos belles filatures.

Observation. — Sur la proposition de M Yvart, en 1847, trois béliers furent placés, par les soins de la Société d'agriculture de Verdun (Meuse), dans trois cantons différents ; les croisements ont été heureux à ce point que tous les propriétaires cultivateurs de ce pays ont continué leur opération d'amélioration progressive et voici, en résumé, les résultats obtenus à la ferme de Bel-Air, près Varennes (Meuse), au-dessus de la rivière d'Aire, dont le sol est formé de sable siliceux , de calcaire et d'argile , et n'offre qu'une fertilité moyenne :

Le bélier fut donné à soixante brebis environ la première année : ces brebis avaient un peu de sang mérinos; les agneaux, produit de ce premier croisement, ont eu en partie les caractères du père : même conformation, laine plus abondante et plus longue que celle des mères ; enfin plus d'étoffe que l'espèce lorraine. En 1848 le croisement s'est opéré avec des brebis de race plus pure , et les agneaux ont reproduit les formes du père , la toison a peu perdu de sa finesse , et les enfants ont montré, comme dans la première expérience, une croissance très-rapide et une grande aptitude à l'engraissement. Depuis lors les résultats ont été constamment les mêmes et il est parfaitement établi aujourd'hui que les dishley et leurs descendants l'emportent de beaucoup sur les mérinos et les métis mérinos , pour la rusticité , la promptitude à la croissance et l'aptitude à l'engraissement. Toutefois il faut dire que ces animaux craignent les chaleurs, les chiens, et surtout les longs voyages.

Quoiqu'il en soit, l'expérience étant faite , je pense que nous n'avons rien de mieux à faire qu'à nous livrer immédiatement à l'amélioration de notre race ovine , résultat que nous obtiendrons, comme on l'a obtenu ailleurs, en opérant un croisement progressif et régulier de l'espèce du pays avec la race dishley ou anglo-mérinos , suivant les régions du département et la nature du sol , ainsi qu'il a été dit dans le cours de cette trop longue notice.

Fécondité de la pomme de terre.

L'Académie des sciences de Bruxelles a reçu de M. Charles Morren la communication d'un procédé qui permet de faire *produire* à certaines variétés de pommes de terre *quatre* récoltes dans l'année. On avait cru jusqu'ici qu'un même tubercule ne pouvait produire qu'une seule récolte immédiate. Il paraîtrait qu'il en est autrement et que le même tubercule, remis en terre plusieurs fois de suite, peut donner aussi plusieurs récoltes successives, aussi abondantes l'une que l'autre. Des pommes de terre très-hâtives ont été plantées entières par M. Leclerc, cultivateur à Grivegnée, près de Liège ; ces pommes de terre (les *Sept-Semaines*, les *Neuf-Semaines*, les *Circassiennes*), plantées dès les premiers beaux jours de février, donnent, malgré les gelées du printemps, une récolte dans le mois de mai. En 1850, de semblables races, plantées le 9 février, ont fourni une abondante récolte le 11 mai.

Nous avons dégusté ces produits, dit M. Morren, ils étaient en tous points aussi farineux, aussi pleins, aussi savoureux que les meilleurs tubercules des premières récoltes à l'usage desquels nous sommes accoutumés. Ici vient l'observation importante de M. Leclerc. Il replante immédiatement la mère dans la même fosse d'où l'on vient d'extraire sa première progéniture. Dans la dernière semaine de juin, cette mère produit une seconde récolte, même plus abondante que la première, et les tubercules sont plus gros, de la même consistance et de la même saveur que les produits d'une récolte première qui serait faite à la même époque, et cela d'une race principale.

Cette même mère, loin d'être flasque, ridée et surannée, est encore très-propre à donner une progéniture. M. Leclerc la met de nouveau en terre, et la troisième semaine d'août, il fouille la fosse et en retire une troisième progéniture semblable aux deux autres.

Enfin, il la replante une quatrième fois, et vers la mi ou fin octobre, suivant les circonstances atmosphériques, il fait la quatrième récolte de ces variétés, naguère réputées exclusivement hâtives, mais en réalité devenues tardives par le fait même de ces mêmes retransplantations.

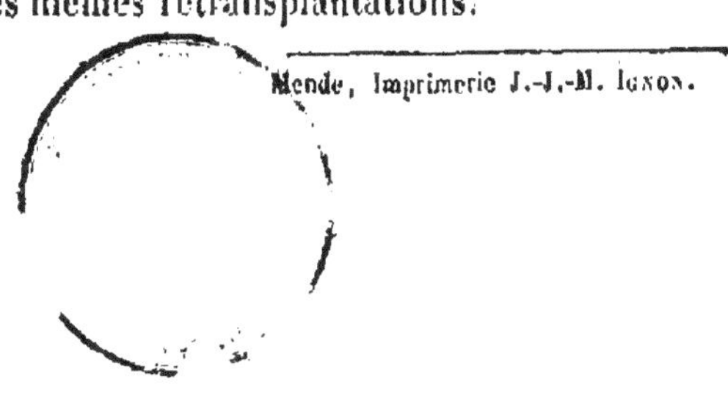

Mende, Imprimerie J.-J.-M. Ignon.

SOCIÉTÉ

D'AGRICULTURE, INDUSTRIE, SCIENCES ET ARTS

DU DÉPARTEMENT DE LA LOZÈRE.

BULLETIN DE SEPTEMBRE, OCTOBRE ET NOVEMBRE 1851.

Réunion extraordinaire du 5 octobre 1851.

La Société s'est réunie extraordinairement pour assister aux funérailles de M. le général DE THILORIER, son président. (1)

Trois draps mortuaires étaient en avant du cercueil ; l'un des coins du premier était porté par M. Jourdain, Préfet, Président d'honneur.

MM. Ignon, père, secrétaire-perpétuel ; Rous, trésorier ; Laurens aîné et de Prades portaient les coins de celui affecté à la Société.

MM. les autres membres de la Compagnie accompagnaient le deuil, conduit par l'un de ses vice-présidents, M. de Ligonnès.

____

(1) Il était Général de brigade, Grand Officier de la Légion d'Honneur, Chevalier de l'ordre royal et militaire de St-Louis, des ordres de St-Ferdinand d'Espagne, des Deux-Siciles et du Mérite du Lion de Holstein-Limbourg, Maire de la Malène et Président de la Société d'Agriculture, Industrie, Sciences et Arts du département de la Lozère.

11.

Immédiatement après les cérémonies religieuses, qui ont eu lieu dans la chapelle du cimetière de St-Gervais, M. Laurens aîné, au nom de la Société, dont il a été le digne et éloquent interprète, a prononcé le discours suivant :

« Habitans de la ville de Mende,

» Ce deuil public, l'affluence qui entoure ce cercueil, la douleur de chacun de vous disent hautement quelle a été la valeur du brave général que nous pleurons, quelles sympathies il s'était acquises dans sa belle et longue carrière, combien est cruelle pour tous sa perte à jamais regrettable.

» Dans cet hommage suprême rendu au courageux défenseur de la Patrie, au citoyen vertueux et utile, tous les cœurs sont unanimes pour l'accompagner de vifs regrets dans la tombe, comme ils ont été unanimes pour l'estimer, le respecter, l'honorer et l'aimer pendant sa vie.

» Et qui mieux que lui a justifié cet auguste privilége de l'homme de bien !

» Fils d'un officier supérieur, Justin-Henri-Philippe De Thilorier, né à Milhau le 2 février 1780, s'embarquait le 15 avril 1799 pour les Antilles, où il était appelé à rendre, pendant six ans, de brillans services à son pays. Rentré en France il alla combattre en Sicile, en Italie, en Tyrol, en Bavière, continuant à gagner successivement chaque grade sur le champ de bataille, se distinguant par de nombreuses actions d'éclat, dont la dernière devait lui valoir les épaulettes de colonnel, lorsque les événements de 1814 mirent obstacle à cet avancement qu'il avait si bien mérité et qu'il ne reçut qu'en 1819.

» Prudent dans l'attaque, ardent dans l'action, inébranlable dans la résistance, toujours fidèle au commandement et maître de son courage, sûr de son coup-d'œil, il mesurait d'avance la portée de ses coups, redoublait de vigueur pour l'accomplissement d'un devoir et ne cédait jamais rien à l'inspiration irréfléchie d'une vaine gloire.

» La campagne d'Espagne offrit en 1823, un nouvel aliment à sa bravoure.

» En 1828, il fût appelé à commander le 5me régiment de la garde royale. Licencié en 1830, replacé deux ans après dans le cadre d'activité, avec le grade de maréchal de camp, il reçut en 1834 le commandement du département de la Lozère, qui fut accru plus tard de celui de l'Aveyron.

» Dans cette position, qui le fit devenir notre concitoyen, il fût aussi bon administrateur qu'il avait été vaillant soldat.

» Rectitude de jugement, spontanéité de décision, fermeté de caractère, prévoyance organisatrice, amour de la justice, affectueuse bienveillance pour les subordonnés, politesse exquise envers tous, rien ne lui manquait pour être digne du commandement et des emplois les plus élevés.

» Et quelle ne fut pas sa supériorité, lorsque, président d'un Conseil de guerre à Perpignan, il dirigea les débats d'un procès à jamais célèbre, dans les annales de la justice militaire? Ne prouva-t-il pas qu'il eût porté l'hermine du magistrat aussi honorablement que l'épée du général?

» Mis dans le cadre de réserve, en février 1842, pour limite d'âge, il a pu, pendant ses dernières années, goûter les douceurs et les joies de la famille, auxquelles son cœur n'était pas moins sensible qu'à la gloire militaire, et montrer, dans le calme de la vie privée, qu'une grande âme a toutes les vertus pour apanage.

» L'agriculture charmait ses loisirs. Pendant qu'il guidait ses travailleurs, pour lesquels il était pénétré d'une tendre sollicitude, sa main guerrière aimait à prêter le secours de la bêche ou de la serpe à ces végétaux nombreux et variés dont il avait embelli le séjour délicieux de sa retraite. Joignant la pratique à la théorie, il nous laisse des conseils et des exemples précieux. Avec quelle habileté savait-il, dans ses luttes avec la nature, s'assurer constamment le succès ? Nous en avons été témoins, nous qui lui avions déféré, à si juste titre, la présidence de la Société d'agriculture, nous, dont il dirigeait avec tant de convenance les discussions et les travaux.

» Acceptant toutes les occasions d'être utile, il n'avait pas dédaigné l'administration d'une petite commune qu'il portait dans son cœur, parce qu'une sœur bien aimée y avait été chérie et à laquelle il a voulu donner un dernier et touchant témoignage de son intérêt, en lui confiant la garde de sa dépouille mortelle. Il tenait à honneur de s'en acquitter avec cette ponctualité qu'il avait apportée à une autre époque dans ses hautes fonctions.

» C'est ainsi qu'un grand homme ne laisse perdre aucun instant de sa vie !

» Noble reste des armées impériales, illustre serviteur de de ton pays, toujours dévoué et toujours irréprochable, citoyen éminent, inaccessible à tout sentiment qui n'était pas profondément patriotique, calme au milieu des ruines politiques que tu as vues s'amonceler sur notre belle France, affligé de ses déchirements sanglants, regrettant comme une perte irréparable ce qui ne contribuait pas à sa grandeur, à sa prospérité, à son bonheur ; heureux qui comme toi, emporte dans la tombe la reconnaissance de la Patrie, l'honneur intact, l'estime et l'amour de ses concitoyens ! Mais la douleur de tes parents, de tes amis, de tous ceux qui t'ont connu, n'en est pas moins amère. Qui comblera le vide que tu laisses dans leur affection ? Où trouverons-nous cet élévation d'esprit, cette délicatesse de sentiments, cette franche cordialité que nous admirions en toi, cette dignité modeste avec laquelle tu semblais oublier ton glorieux passé ?....

» Oh ! conservons du moins dans nos âmes quelque chose de son patriotisme !...

» Adieu ! Adieu !... »

Séance du 4 novembre 1851.

Présidence de M. de LIGONNÈS, Vice-Président.

Etaient présents : MM. Ignon, secrétaire-perpétuel ; Rous ; de Chapelain (Octave) ; l'abbé Baldit ; Laurens aîné ; Paradan ; Laurens (Paulin) ; de Corsac (Urbain) ; l'abbé de Charaix ; Desmolles ; Flavien de Rouville, membres ordinaires ; de Chapelain (Joseph) et Monteil-Charpal (Alphonse), membres associés.

Le procès-verbal de la dernière séance est lu et approuvé.

Le secrétaire-perpétuel donne communication de la correspondance, qui présente les objets suivants :

Lettre de M. Mony de Mornai, chef de division de l'agriculture au ministère de l'agriculture et du commerce, en date du 15 juillet, qui annonce que, sur sa proposition, M. le Ministre a accordé à la Société un abonnement aux Annales agronomiques, à partir du 1er janvier dernier.

Annales agronomiques (juin 1851 , août 1851). — Envoi du Ministre de l'agriculture.

Bulletin du ministère de l'agriculture et du commerce. — Juin et juillet 1851.

Annales du commerce extérieur, N° 540 et N°ˢ 541 à 544. — Envoi du même ministère.

Compte-rendu des travaux de l'Académie du Gard , en séance publique du Conseil général , le 30 août 1851 , par M. Nicot , secrétaire-perpétuel.

Séance publique de la Société archéologique de Béziers , du 29 mai 1851.

Annales de la Société académique de St-Quentin. — Travaux de 1850.

Congrès agricole de la Haute-Saône. — Session de 1850.

Annales de la Société centrale d'horticulture de France (livraisons de juillet et d'août 1851). — *Id*. Séance publique de distribution de prix (14 septembre 1851).

Bulletin des travaux de la Société nationale d'horticulture de la Seine (août , septembre 1851).

Bulletin de la Société industrielle de Mulhouse , N° 113 , 1851.

Bulletin de la Société industrielle et agricole de l'arrondissement de St-Etienne (Loire) (avril et mai 1851).

Bulletin de la Société d'agriculture du département du Cher , N° L , 1851.

Bullétin de la Société centrale d'agriculture et des comices agricoles du département de l'Hérault (avril , mai et juin 1851).

Publications agricoles et horticoles de la Société nationale d'agriculture , sciences et arts , séant à Douai , centrale du département du Nord , 1851.

Réforme agricole , juillet 1851.

Séance publique de la Société d'agriculture, commerce , sciences et arts du département de la Marne , du 25 septembre 1851.

Annales de la Société d'agriculture , sciences, arts et commerce du Puy, tome XV, 1er semestre 1850.

Avis du ministère de l'agriculture et du commerce , relatif à l'exposition industrielle de Londres en 1851.

Lettre de M. le Ministre de l'instruction publique et des cultes , en date du 20 octobre 1851 , qui demande des renseignements pour l'Annuaire des Sociétés savantes pour 1852.

Histoire statistique de la colonisation algérienne, au point de vue du peuplement et de l'hygiène , par MM. A.-E.-Victor Martin , et E.-E. Foley , docteurs médecins employés dans les hôpitaux de l'Algérie , 1851.

Société de la morale chrétienne. — Divers sujets. — 1851.

Mémoires de l'Académie des sciences , agriculture , commerce , belles-lettres et arts du département de la Somme. — Années 1850-1851, 1er semestre.

M. le Préfet, par une lettre du 18 octobre dernier , dont il est donné lecture , annonce que le Conseil général a décidé que la Société d'agriculture était assimilée aux comices pour l'arrondissement de Mende, en exécution de la loi du 20 mars 1851. Il fait connaître en même temps qu'elle doit, dès lors, avant que les élections à la chambre consultative d'agriculture aient lieu apporter à son règlement les modifications qu'exige l'article 2 de la loi précitée.

Afin de satisfaire à cette obligation la Société, sur la proposition d'un membre, adopte pour être inséré dans son règlement, l'article additionnel suivant :

Des Membres associés-adjoints.

Art. 10 *bis*. — Peuvent faire partie de la Société, sous la dénomination de membres associés adjoints, à l'effet de concourir aux élections de la chambre consultative d'agriculture, avec les membres ordinaires, honoraires et associés, moyennant le paiement de la cotisation exigée de ces derniers (5 francs), les personnes qui se trouvent dans les conditions mentionnées par l'article 2 de la loi du 20 mars 1851, c'est-à-dire les propriétaires, fermiers, colons et leurs enfants âgés de 21 ans domiciliés ou ayant leurs propriétés dans l'arrondissement de Mende.

La Société a décidé ensuite qu'une commission serait chargée de réviser les autres dispositions de son règlement général et d'indiquer les changements à y apporter.

Sur la proposition de son président provisoire, il a été arrêté qu'il y aurait le 18 de ce mois une séance extraordinaire, à laquelle seraient invités à se rendre tous les membres ordinaires du chef-lieu et du département pour procéder au remplacement de son très-honorable président ; et que l'expression de ses regrets à la perte de M. le général de Thilorier, dont M. Laurens aîné a été l'interprète, en si bons termes, serait consignée dans son Bulletin.

DOCUMENTS

SUR L'ORGANISATION DES COMICES AGRICOLES, DES
CHAMBRES CONSULTATIVES D'AGRICULTURE ET
DU CONSEIL GÉNÉRAL DE L'AGRICULTURE.

(Extrait de la loi du 20 mars 1851.)

TITRE Ier.

Des Comices agricoles.

ARTICLE 1er. — Il sera établi dans chaque arrondissement un ou plusieurs comices agricoles.

ART. 2. — Ont le droit de faire partie du comice, en se conformant au règlement, les propriétaires, fermiers, colons et leurs enfants, âgés de 21 ans, domiciliés ou ayant leurs propriétés dans la circonscription du comice.

Les comices pourront, en outre, admettre par des délibérations spéciales, prises à la majorité des deux tiers des votants, les personnes qui ne remplissent pas les conditions prescrites par le paragraphe précédent, jusqu'à concurrence du dixième du nombre de leurs membres.

Le règlement constitutif de chaque comice devra être soumis à l'approbation du préfet.

ART. 3. — Les comices existant à l'époque de la promulgation de la présente loi sont maintenus, à la condition de se conformer aux dispositions qui règlent l'élection des membres de la chambre d'agriculture.

12

Les sociétés s'occupant d'agriculture pourront être assimi‑
lées aux comices pour les circonscriptions qui leur seront
assignées par le conseil général.

Elles devront remplir toutes les obligations des comices.

ART. 4. — Sur la proposition du préfet, le conseil général
du département fixera la circonscription des comices.

ART. 5. — Les comices correspondent avec la chambre
d'agriculture. Ils sont particulièrement chargés des intérêts
agricoles pratiques, du jugement des concours, de la distri‑
bution des primes ou autres récompenses, dans leurs circons‑
criptions.

TITRE II.
Des Chambres d'agriculture

ART. 6. — Il y aura, au chef-lieu de chaque départe‑
ment, une chambre d'agriculture composée d'un nombre de
membres égal à celui des cantons du département.

Les comices éliront autant de membres qu'il y aura de
cantons dans leurs circonscriptions.

Les membres ainsi élus devront avoir leur résidence, ou
leur propriété, dans les cantons qu'ils seront appelés à re‑
présenter.

ART. 7. — Seront électeurs dans chaque comice tous ceux
qui en feront partie depuis un an au moins; néanmoins,
cette condition ne sera point exigée pour la première élec‑
tion que feront les comices.

ART. 8. — Seront éligibles tous ceux qui, âgés de 25 ans,
feront partie d'un des comices du département.

ART. 9. — Dans le cas où un comice n'aurait pas été formé

dans l'une des circonscriptions déterminées par le conseil
général , il sera pourvu par ce conseil aux choix des représentants de cette circonscription.

Les fonctions des membres ainsi désignés cesseront de
droit un an après la formation du comice.

Art. 10. — Les membres des chambres d'agriculture sont
élus pour six ans , au scrutin secret et à la majorité absolue,
au premier tour seulement.

Ils sont renouvelés par tiers tous les deux ans et sont toujours rééligibles.

Art. 11. — Les présidents , vice-présidents et secrétaires
sont nommés pour un an à la majorité absolue des suffrages.

Art. 12. — En cas de vacance par décès , démission ou
autre cause , le préfet convoquera le comice dans les trois
mois , pour procéder au remplacement.

Cette élection devra , dans tous les cas, être faite avant la
session de la chambre d'agriculture.

Art. 13. — Les chambres auront une session annuelle de
huit jours ; elles fixeront l'époque de cette session et règle-
ront leurs travaux.

Elles pourront avoir des sessions extraordinaires sur la con-
vocation du préfet , ou sur celle de leur président.

Art. 14. — Elles présentent au Gouvernement leurs vues
sur toutes les questions qui intéressent l'agriculture.

Art. 15. — Leur avis est demandé, sauf les cas d'urgence,
sur les changements à opérer dans la législation en tout ce
qui touche aux intérêts agricoles , et notamment en ce qui
concerne les contributions indirectes , les douanes et les oc-
trois , la police et l'emploi des eaux.

Elles sont nécessairement consultées sur l'établissement des foires et marchés , sur la distribution des fonds généraux et départementaux destinés à l'encouragement de l'agriculture , sur l'établissement des écoles régionales et des fermes-écoles.

Elles sont chargées de la statistique agricole du département.

Art. 16. — Les chambres d'agriculture correspondent directement , sur les matières qui leur sont attribuées , avec le Ministre de l'agriculture et du commerce , avec le conseil général de l'agriculture , avec les comices et les sociétés agricoles du département où elles siégent.

Art. 17. — Elles se divisent en plusieurs commissions , qui ont le droit de se réunir dans l'intervalle des sessions , pour les études qui leur sont confiées par la chambre d'agriculture.

Art. 18. — Les préfets fournissent , au chef-lieu du département , un local convenable pour la tenue des séances.

Le budget des chambres d'agriculture sera visé par le préfet , et présenté au conseil général ; il fera partie des dépenses départementales et sera porté au chapitre VII des dépenses ordinaires.

Art. 19. — Le préfet , les inspecteurs généraux de l'agriculture ont entrée aux séances , et sont entendus toutes les fois qu'ils le demandent.

Le préfet pourra se faire assister ou représenter par un délégué.

La chambre d'agriculture pourra aussi appeler dans son sein les personnes qu'il lui paraîtrait utile d'entendre.

Art. 20. — Les chambres d'agriculture sont reconnues

comme établissement d'utilité publique, et peuvent, en cette qualité, acquérir, recevoir, posséder et aliéner, après y avoir été dûment autorisées.

TITRE III.

Du Conseil général d'agriculture.

Art. 22. — Chaque chambre élit un membre, dans sa session générale, au scrutin secret et à la majorité absolue des suffrages.

Nul ne peut être élu s'il ne fait partie de la chambre d'agriculture ou d'un des comices du département.

EXTRAIT

DU PROCÈS-VERBAL DU CONSEIL GÉNÉRAL DU DÉPARTEMENT DE LA LOZÈRE. — SESSION DE 1851.

Discours de M. le Préfet.

Aux termes de la loi du 20 mars dernier, il doit y avoir par arrondissement un ou plusieurs Comices agricoles, dont vous devez déterminer les circonscriptions; ceux qui existent sont maintenus, et la Société d'agriculture peut en tenir lieu dans une circonscription.

La commission départementale d'agriculture, qui a dû être consultée à ce sujet, est d'avis de partager le département en 8 Comices. Je doute qu'avec le peu de zèle qu'on met généralement à se rendre aux réunions de cette nature, il soit possible d'en faire fonctionner régulièrement un si grand nombre. Il me paraît que le vœu de la loi serait mieux satisfait, en conservant l'organisation actuelle. Les arrondissements de Florac et de Marvejols possèdent chacun un Comice, et la Société d'agriculture adhère à la proposition d'en remplir l'office pour celui de Mende. J'ai donc l'honneur de vous proposer, Messieurs, de faire coïncider la circonscription des Comices avec celle des arrondissements de Sous-Préfecture.

Vous avez accordé, l'année dernière, une allocation de 150 fr. au Comice de Florac. Sur le demande du Conseil d'arrondissement, je l'ai de nouveau inscrite au budget. Celui de Marvejols ne m'a pas semblé devoir être traité plus défavorablement, et j'ai porté pour lui la même somme.

Les dépenses de la Chambre d'agriculture, qui doit être organisée, en exécution de la loi du 20 mars dernier, sont à la charge du département et doivent figurer dans la 1re section du budget. Dans l'incertitude du chiffre auquel elles peuvent s'élever, je leur affecte une somme de 200 fr. au sous-chapitre 7.

En dehors de la représentation officielle, donnée à l'agriculture par la loi du 20 mars 1851, la Société d'agriculture du département continuera l'œuvre qu'elle poursuit depuis plus de 30 ans. Elle mérite encore vos encouragements. Je vous demande en sa faveur 500 fr., regrettant que la nécessité de pourvoir aux besoins des autres assemblées agricoles ne me permette pas de maintenir sa subvention au dernier taux de 1,000 fr., que vous lui aviez assigné.

Décisions du Conseil.

La somme de cinq cents francs, demandée pour encouragement à la Société d'agriculture de Mende, est allouée. Le

Conseil regrette de ne pouvoir accorder, cette année, une somme plus considérable.

Trois cents francs sont votés pour les Comices agricoles de Marvejols et de Florac.

Conformément à la proposition de M. le Préfet, le Conseil, en exécution des articles 3 et 4 de la loi du 21 mars 1851, décide que ces Comices conserveront les circonscriptions des arrondissements dans lesquels ils sont établis, et déclare que la Société d'agriculture du département, est assimilée aux Comices, pour l'arrondissement de Mende.

Réunion extraordinaire du 12 novembre 1851.

La Société s'est réunie extraordinairement pour assister aux funérailles de M. Guyot, qu'elle avait nommé président honoraire, lors de la dernière formation de son bureau.

Les personnes honorables qui portaient les coins du drap mortuaire avaient été ses collègues dans les diverses fonctions qu'il avait remplies. Le tribunal de première instance, dont il était le doyen des juges suppléants, s'y trouvait en robes et en corps. Le conseil académique, dont il faisait partie, y était représenté par plusieurs de ses membres.

Arrivé au cimitière St-Gervais, après les cérémonies religieuses, M. Laurens aîné a, dans le discours suivant, aussi digne que remarquable, exprimé les regrets de la Société :

« MESSIEURS,

» Votre douleur n'aurait pas besoin d'interprète sur le bord de cette tombe. Vous avez tous connu l'homme de bien

qu'elle nous ravit. Il a commencé et fini au milieu de vous
sa longue et honorable carrière. Vous l'avez entouré du respect et de l'affection que commande une estime justement
acquise, une popularité qui n'a eu que le mérite pour base.
Que pourront ajouter mes paroles à vos regrets ?... Mais
n'est-ce pas un devoir de recueillir et de garder quelques
souvenirs d'une belle vie qui finit, comme un encouragement dans le bien pour nous et pour ceux qui vont nous
succéder.

» Né à Marvejols le 1er janvier 1776, de parents moins for-
tunés que considérés, M. Pierre-Hyacinthe-Gabriel Guyot
passa ses premières années à Paris, sous les yeux d'un oncle
qui occupait, près de la famille royale, une haute position
ecclésiastique, et qui avait pu, profitant des institutions
d'alors, ménager à son neveu encore enfant une bonne part
d'avantages cléricaux. Il dut à cette circonstance de faire ses
études sous des maîtres habiles, dont les savantes leçons
grandirent ses heureuses dispositions.

» Son esprit pénétrant et réfléchi, son jugement droit,
son raisonnement sûr, son travail opiniâtre, son élocution
claire et concise étaient éminemment propres à l'étude des
sciences exactes. Aussi s'y adonna-t-il avec ardeur, comme
s'il eût prévu que l'instruction était la seule part qu'il dût
conserver des bienfaits de son parent.

» Lorsque la révolution eut transformé l'état social de la
France et bouleversé toutes les conditions, il occupa avec
distinction la chaire de mathématiques à l'école centrale de
notre ville. Cette position lui donna les moyens d'être l'appui
de ses parents et de leur fournir même des ressources devenues nécessaires. Après la suppression de cette école il entra
dans le notariat.

» Les solides qualités de son intelligence, qui en fai-
saient un mathématicien profond, jointes à une probité irréprochable, à une délicatesse exquise, à une exactitude scru-
puleuse, lui valurent bientôt une clientèle nombreuse et une
considération unanime. En peu d'années il devint, ce qu'il
n'a pas cessé d'être, un jurisconsulte estimé et le premier
praticien de son pays.

» Malgré les occupations de son office, il ne négligeait pas
les devoirs du bon citoyen, dont l'accomplissement lui mérita
de bonne heure la décoration de la Légion d'Honneur.

» Adjoint sous l'empire, il fut nommé en 1815 maire
de la ville de Mende, et il en remplit les fonctions jusqu'à la
révolution de Juillet. Son caractère doux, conciliant, bien-
veillant, impartial, était bien celui qui convient à l'administrateur municipal, au père de la famille communale.
Aussi la ville et le canton de Mende lui ont-ils toujours ré-
servé une place au conseil municipal et au conseil général,
où sa haute et sage raison exerçait une légitime influence.

» Toujours précis, il évitait les longs discours. Il n'entrait
même dans les discussions que par nécessité, réservant
l'autorité de sa parole pour des occasions graves où les diver-
gences d'opinion se croisant, s'entrechoquant, s'égarant,
amenaient la confusion et semblaient devoir prolonger indéfiniment les débats. Sa lucidité captivait les esprits et son
opinion, inspirée par un sentiment profond du bien public,
devenait une transaction que chacun s'empressait d'accepter.

» Le conseil général le désigna pour son secrétaire en
1839 et lui continua les mêmes fonctions pendant 9 sessions
consécutives ; après lesquelles il lui a dévolu, jusqu'à cette
année, le fauteuil de président. Mais les forces physiques
cessant de répondre à l'intelligence, qui n'a pas failli un seul

Instant, il s'est vu, à regret, éloigné de collègues dont il avait si bien mérité la confiance, et privé de prêter, pendant cette dernière session, son concours ordinaire aux affaires du département.

» Appelé à participer aux travaux de toutes les commissions administratives, il y apportait, avec dévouement, le tribut de ses lumières et de sa longue expérience.

» Membre fondateur de la Société d'agriculture, il en a été constamment l'appui et le protecteur.

» Ses liaisons multipliées, ses relations étendues lui avaient donné une grande importance politique dans la direction de l'opinion du département; il y prenait une part d'autant plus large qu'il y était plus désintéressé. Homme d'ordre et de paix, il ne désirait que la prospérité de la France et le bonheur de ses concitoyens. Pénétré d'un religieux respect pour toute institution régulière, ennemi des commotions qui détruisent plus qu'elles n'édifient, redoutant les innovations qui affaiblissent avant de porter leurs fruits, il ne pouvait pas oublier un passé qui n'avait manqué ni de prospérité, ni de grandeur, ni de gloire et dans lequel il croyait trouver encore les meilleurs éléments de tranquillité et de bonheur pour notre grande nation. Inébranlable dans sa foi politique, il n'a pas cessé, et c'est là son plus bel éloge, de jouir de l'estime de tous les partis.

» Après avoir fourni un long cours de modestes mais utiles services, cette chère existence, chère à des parents bien-aimés, chère à de nombreux amis largement payés de retour, chère à toute la population de la Lozère, qui regrettera longtemps le conseil près duquel elle ne pouvait s'empêcher de venir s'éclairer, cette précieuse existence qui a d'autant plus mérité qu'elle a moins recherché les honneurs et l'éclat, s'est éteinte comme elle, avait vécu, presque au milieu de son travail journalier, sans effort, sans douleur, dans le calme et la sérénité d'une conscience pure. Soyons comme lui esclaves du devoir, laborieux, bons, bienfaisants; ne prenons pour guide que l'intérêt commun; imitons sa modération constante. C'est le plus bel hommage que nous puissions rendre à la mémoire d'un homme vertueux qui continuera après sa mort, par ses exemples, l'œuvre de bien qu'il avait commencée pendant sa vie.

Adieu recommandable citoyen !....

Adieu généreux ami !.....

Réunion extraordinaire du 18 novembre 1851.

Présidence de M. de LIGONNÈS, Vice-Président.

Etaient présents : MM. Ignon, secrétaire-perpétuel; Chevalier, D. M.; Barbot, D. M.; l'abbé Baldit; Charpal (Odilon); Laurens aîné; Marcé, D. M.; l'abbé Cômandré, Béamel, maire; Paradan, vice-président; Laurens (Paulin); Second, de Corsac (Urbain); l'abbé de Charaix; Monteils, D. M.; Oziol, membres ordinaires; Charpal (Alphonse); de Chapelain (Joseph) et de Corsac (Alphonse), membres associés.

Le procès-verbal de la dernière séance est lu et approuvé.

Le Secrétaire-perpétuel donne communication de la corpondance, qui présente les objets suivants :

Bulletin du ministère de l'agriculture et du commerce, N° 8. — Août 1851.

Annales du commerce extérieur, N°s 545 à 548, août 1851. — Envoi du même ministère.

Annales agronomiques. Recueil de mémoires sur l'agriculture, publié par ordre du ministère de l'agriculture et du commerce, tome 2. — Septembre 1851.

Bulletin de l'Athenée du Beauvaisis. — 1er semestre 1851.

Bulletin de la Société d'agriculture, sciences et arts de la Sarthe. — 1er trimestre 1851.

Recueil agronomique, industriel et scientifique, publié par la Société d'agriculture de la Haute-Saône, tome 6e, N° 1. — 1849-1850.

Annales de la Société d'horticulture de Paris et centrale de France, volume 4e. — Octobre 1851.

Bulletin des travaux de la Société nationale de la Seine, tome IX. — Octobre 1851.

Journal des Savants, années 1845, 1846, 1847, 1848, 1849 et 1850. — Don de M. le Garde des sceaux, Ministre de la justice.

Concours départemental d'agriculture, tenu à Caen le 15 septembre 1850.

Bulletin de la Société industrielle de Mulhouse, N° 114. — 1851. Du commerce extérieur.

Annales agronomiques (octobre 1851). Envoi du ministère de l'agriculture et du commerce.

Bulletin de la Société industrielle et agricole de l'arrondissement de St-Etienne (Loire) ; juin, juillet, août et septembre 1851.

Le Moniteur des campagnes , revue des progrès agricoles, par M. Le Docte , 1er octobre , 1er novembre , 1er décembre 1851.

Lettre de M. le Président de la Société des antiquaires de Picardie, qui invite la Société à se réunir à la demande qu'elle fait à M. le Ministre de l'instruction publique, pour la fondation d'un prix de 5,000 fr. , qui serait décerné tous les ans à celle des Sociétés savantes de la France départementale , qui se serait le plus distinguée par le mérite de ses publications. La Société adhère à cette proposition.

Projet de Société d'émulation d'agriculture et d'horticulture , par M. Victor Châtel , de Vire , membre des Sociétés d'agriculture et d'horticulture de Caen. — Août 1851.

Lettre de M. Hector Bossange , agent à Paris du *Smithsonian institution*, qui envoie de la part de cet Institut américain à la Société divers ouvrages et l'invite à lui faire parvenir un exemplaire de ses publications.

Lettre de M. E. Duseigneur, en date du 25 octobre 1851, qui fait hommage à la Société d'un ouvrage ayant pour titre ; *Recherches sur le cocon et le fil de soie.*

Annales agricoles , littéraires et industrielles de l'Ariège , de mai à octobre 1851.

Travaux de l'Académie de Reims. — Trimestre de janvier et trimestre d'avril 1851.

Mémoires de l'Académie nationale des sciences, inscriptions et belles-lettres de Toulouse , 4e série, tome 1er. — 1851.

Mémoires de l'Académie du Gard.

Après cette communication , la Société a admis au titre de membres ordinaires résidant au chef-lieu , en remplacement des membres décédés, démissionnaires et qui ont changé de domicile, les associés suivants, dans l'ordre de leur nomination :

MM.   MONTEILS-CHARPAL (Alphonse), juge.

De CHAPELAIN (Joseph) ;

IGNON (Joseph-Edouard) ;

VALANTIN , docteur médecin ;

De CORSAC (Alphonse).

Elle a admis ensuite, par voie de scrutin, en qualité de membre associé :

M. MORÉ DE PRÉVIALA père , propriétaire à Serverette.

Il a été procédé , conformément à l'article 32 du règlement, à la nomination du Président, en remplacement de M. DE THILORIER , décédé ; 21 votants ont pris part au scrutin ; au 1er tour, la majorité absolue n'ayant pas été obtenue, il a été fait un ballotage qui a donné cette majorité à M. DE CHAPELAIN (Octave), et il a été proclamé Président de la Société.

<hr>

Séance du 24 décembre 1851.

PRÉSIDENCE DE M. CHARPAL (ODILON), VICE-PRÉSIDENT.

<hr>

Etaient présents : MM. Rous ; Barbot, docteur médecin ; de Chapelain (Octave) ; Vachin , juge de paix ; Marcé, docteur médecin ; Bécamel , maire ; Paradan , vice-président ; de Corsac (Urbain) ; Monteils , docteur médecin ; de la Bastide ; de Chapelain (Joseph) ; Ignon (Edouard).

La réunion de la Société avait pour principal objet l'installation de M. Octave de Chapelain, nommé président en remplacement de M. de Thilorier, décédé.

Après la lecture et l'approbation du procès-verbal de la dernière séance, M. de Chapelain occupe le fauteuil de la présidence; et M. Odilon Charpal est invité à remplir les fonctions de secrétaire, en l'absence du secrétaire perpétuel et du secrétaire adjoint, qui ont fait agréer leurs excuses.

M. de Chapelain, prenant la parole, adresse à ses collègues l'allocution suivante :

« MESSIEURS,

» En apprenant l'honneur que vous m'avez fait de me choisir pour présider la Société, mon premier sentiment a été un mouvement d'amour-propre facile à comprendre; mais portant aussitôt ma pensée sur ce fauteuil, où vous veniez de m'appeler, j'ai vu avec une profonde tristesse la grande perte que nous venons de faire. La haute considération dont jouissait le général DE THILORIER; les brillants services qu'il avait rendus dans les deux mondes; ses grades acquis à la pointe de sa brave épée; ses nombreuses décorations si bien méritées, rejaillissaient sur la compagnie, et lorsqu'il se montrait à notre tête, il nous grandissait Notre perte encore ne s'arrête pas là : nous sommes privés de la haute intelligence qu'il apportait dans la direction de nos travaux et des efforts fructueux qu'il faisait sur son domaine de Bellesagne, pour faire progresser l'agriculture. J'ai encore un vif regret à exprimer, car la mort sévit durement sur nos illustrations; elle vient tout récemment de nous enlever notre Président honoraire, l'honorable M. GUYOT, dont l'éloge peut se faire en deux mots : Il était appelé partout, et partout il occupait un rang distingué.

» Voilà, sans doute, de grandes pertes ; mais devons-nous pour cela nous décourager ? Non, Messieurs ; nous devons, au contraire, redoubler d'efforts, et remplacer les illustrations perdues par un zèle nouveau. Notre compagnie ne manque pas d'éléments pour marcher au niveau de ses rivales : nous avons parmi nous des agriculteurs qui serviraient de modèle dans tous les pays ; l'industrie de la Lozère a pris un grand développement, nous avons pour collègues les principaux fondateurs d'usines. Quant aux sciences, il suffit de visiter notre jeune Musée pour se convaincre que nous savons les cultiver : nous y montrons un herbier très-remarquable, un médaillier et de nombreux échantillons de minéralogie produit de nos études ; la littérature ne nous est pas non plus étrangère : nous avons avons des poitrines décorées des palmes universitaires ; nos bulletins contiennent des pièces de vers justement appréciées, surtout celles qui réveillent les souvenirs de notre vieille langue d'Oc ; l'enseignement compte parmi nous des maîtres qui ont su faire des hommes. Avec toutes ces ressources, pourrions-nous désespérer ? Encore une fois non, Messieurs, nous avons tout ce qu'il faut pour que notre Société marche, et marche bien. Je me trompe pourtant, il nous manque quelque chose ; permettez-moi de vous le dire, Messieurs, il nous manque un peu du nerf qui doit faire mouvoir tous ces ressorts, je veux dire un peu plus de bonne volonté. Si chacun se faisait un devoir de consacrer de temps en temps quelques minutes à l'association pour lui rendre compte de ses pensées, nos Bulletins seraient trop riches ; car, vous le savez, Messieurs, il y a de bonnes choses à dire sur tout, et, malgré l'assertion de quelques statisticiens rêveurs, nous ne sommes pas aussi en arrière de la civilisation qu'ils veulent bien le dire de loin ; si nous avons beaucoup à apprendre des autres, nous avons aussi beaucoup à leur enseigner. Voulez-vous une preuve ? Nous voyons depuis quelque temps les agriculteurs de l'Europe annoncer, prôner, décrire en longues pages une invention toute nouvelle qui doit, disent-ils, fertiliser des millions d'hectares. La France et l'Angleterre, toujours rivales, s'évertuent à parler du drainage ; les praticiens de tous les pays se disputent, qui l'honneur de l'invention, qui la gloire du perfectionnement ; l'un veut des conduits en fonte, l'autre aime mieux le verre, ailleurs on se contente de la terre cuite. On ne peut plus jeter les yeux sur un livre d'agriculture sans y trouver de longues phrases sur cette innovation rivale de la Californie, que nous, pauvres Lozériens, nous connaissons depuis des siècles sans posséder pour cela le moindre lingot d'or. Cette opération, que nous pratiquons dans toute son utilité et presque sans frais, n'est point, il faut le dire, suffisamment appliquée, mais elle est connue sur tout notre territoire. Au lieu d'aller chercher au loin les exemples de ces essais nouveaux qu'annoncent les réclames, les novateurs n'ont qu'à venir dans nos montagnes, et le premier journalier venu sera pour eux un professeur de drainage, et professeur à bon marché, ce qui ne gâte rien.

» Si j'ai choisi cet exemple de notre valeur agricole, ce n'est pas, Messieurs, qu'il soit à mes yeux d'une plus grande importance qu'un grand nombre d'autres que j'aurais pu citer ; mais c'est parce que la question du drainage est à l'ordre jour ; on en parle partout, et elle m'a frappé la première. Ce que j'ai dit suffit du reste pour montrer que s'il n'est point de pays qui n'ait quelqu'enseignement à donner aux autres, il est du devoir de chacun d'apporter à la masse commune le résultat de ses observations.

» Je ne peux pas finir, Messieurs, sans vous remercier

profondément de l'honneur que vous m'avez fait. Votre choix aurait pu, aurait dû même, tomber sur quelqu'un plus à même que moi de remplir ces hautes fonctions ; mais de puissantes raisons vous en ont empêché ; je vais essayer mes forces. Il ne me sera pas possible de remplacer mon vénéra-ble prédécesseur ; mais ce qu'il m'est donné de faire, je le ferai.

» Je vous prie, Messieurs, de vous joindre à moi pour re-mercier M. le Vice-Président DE LIGONNÈS de la manière dis-tinguée dont il s'est acquitté de l'intérim ; j'y ajoute, en particulier, les témoignages de ma gratitude pour le concours qu'il m'a si obligeamment offert. »

Après ce discours on admet, par voie de scrutin, M. Eu-gène Laruelle, avocat, en qualité de membre associé.

Il a été fait ensuite lecture d'un rapport de M. Casimir Belviala, membre et délégué de la Société pour vérifier les fermes des six concurrents à la prime de 300 francs.

M. le rapporteur, après avoir constaté la situation de cha-cune d'elles, leur assigne le rang suivant :

1° La ferme du Tuffe-lès-Mende, appartenant à M. Che-valier (Auguste) ;

2° Celle du Choisal, commune de Balsièges, fermier M. Burlou (Pierre) ;

3° Celle de M. Baffie (Pierre), à la Panouze ;

4° Celle de M. Assenat, au Mas d'Armand, commune de Langogne ;

5° Celle du M. Viala (Victor), à Malpertus, *idem* ;

6° Celle de M. Chabalier, à Palhères, commune de Rocles.

La Société, après délibération, adoptant cette classifi-cation, décerne la prime de 300 francs à M. Chevalier

(Auguste), propriétaire au Tuffe-lès-Mende, vote des remerciments à son délégué, M. Belviala, pour le zèle qu'il a mis dans l'accomplissement de son mandat, malgré la rigueur du temps, et décide qu'un extrait du tableau qui concerne cette ferme sera inséré dans ses Annales.

PRIME DE 300 FRANCS

DÉCERNÉE EN 1851

A l'exploitation la mieux dirigée, ayant le plus du meilleur bétail.

FERME DE M. CHEVALIER (AUGUSTE),
Au Tuffe-lès-Mende.

PREMIÈRE PARTIE. — BESTIAUX.

La ferme de M. Chevalier est située au Tuffe-lès-Mende, arrondissement de Mende; elle est exploitée par le propriétaire, dans la famille duquel on en jouit de temps immémorial.

BESTIAUX NOURRIS SUR LA FERME.

Écurie.

	RÉDUCTION en kilogramm. (Poids vif.)
2 juments	700 »

Observations. Race Auvergnate croisée avec les étalons Normands du gouvernement. Leur taille est moyenne; ils sont bien nourris et tenus avec la plus grande propreté.

Vacherie. (Poids vif.)

8 bœufs de travail ou d'engrais.............	5,800 »

Observations. Race d'Aubrac ; ils sont de la plus grande taille , très-bien nourris et tenus avec une propreté bien remarquable dans notre pays. Leur mode d'attelage est par la tête au moyen d'un joug.

Troupeau. (Poids vif.)

4 béliers...............................	180	»
Brebis portières..........................	1,800	»
Moutons et brebis de l'année (agneaux blancs)..	875	»
id. de 2ᵉ année (agneaux gris et antenois)....		
id. de 3ᵉ année...........................	3,200	»
id. de 4 ans et au-dessus		

Observations. Race du Rouergue mélangée avec celle du pays. Ils sont très-bien tenus , leur nourriture est abondante et donnée en 4 , 5 et 6 repas, selon qu'ils sortent plus ou moins, dans la mauvaise saison ; dans la bonne, ils sont exclusivement nourris dans les pacages de la ferme. Ils s'engraissent facilement ; leur laine est fine ; leur toison est en moyenne de 2 kilogrammes 25.

Porcherie. (Poids vif.)

3 porcs à l'engrais........................	600	»

Observations. Forte race blanche du pays.

Basse-cour. (Poids vif.)

100 poules et coqs........................	200	»

Observations. Grosse espèce.

Notes sur l'état des écuries , bergeries et étables ; leur hauteur, leur disposition , leur ventilation , leur tenue.

Les bergeries sont assez élevées ; mais elles laissent quelque chose à désirer sous le rapport de leur ventilation ; elles sont très-bien tenues. Il en est de même de l'étable à bœufs, qui pourrait être offerte pour modèle de propreté surtout. Elle est nettoyée chaque jour avec le plus grand soin.

Soins et préparation des fumiers, emploi du purin, etc. — Le fumier est mis en tas à une assez grande distance de la basse-cour, ce qui donne à cette dernière un aspect remarquable de propreté. Le purin sert à humecter le fumier.

Parti tiré des animaux morts. — Aucun. On a seulement soin de les enterrer dans les champs.

DEUXIÈME PARTIE. — RÉCOLTES.

Personnel de l'exploitation.

5 domestiques bouviers.
3 bergers.
1 ménagère.
3 servantes.

Contenannce totale de l'exploitation : terres, 61 hectares ; — prés, 9 hectares 8 ares 90 centiares ; — friches, 70 hectares 60 ares 80 centiares ; — bois, 4 hectares.

Nature et qualité des terres : terrain calcaire.

Les soles de l'année, en céréales d'hiver : froment 12 hectares, évalués pour l'année courante 24 hectolitres de grain ; — seigle et froment, 7 hectares 50 ares, évalués pour l'année courante 15 hectolitres de grain.

Céréales de printemps : orge, 6 hectares 50 ares, évalués 15 hectolitres, — avoine, 12 hectares, évalués 20 hectolitres ; — lentilles, 25 ares, évalués 50 litres ; — pois 25 ares, évalués 50 litres.

Prairies artificielles vivaces : sainfoin, 3 hectares 50 ares fournissent 5 hectolitres de graine ; trèfle, 75 ares fournissent 15 kilogrammes de graine.

Prés naturels anciens non arrosés — prairies créées par

le fermier — prairies arrosées. — Une partie des prairies est arrosée par la rivière , l'autre l'est par plusieurs sources.

Plantes sarclées : pommes de terre , 20 hectolitres.

Friches ou pâtures , 70 hectares 60 ares.

Jachères mortes , 12 hectares 58 ares (état des labours). Le jour de la visite de la ferme la neige couvrant le sol , il n'a pas été possible de constater l'état des labours.

De quels instruments se sert-on pour les différents travaux ? L'araire à tige brisée. On ne fait usage d'aucun instrument nouveau.

Etat des chemins d'exploitation : En bon état.

Se sert-on de la charrette ou du charriot ? On se sert de la charrette , du tombereau et du char à bœufs.

Observations. — Assolements : Trisannuel , 1° céréales d'hiver ; 2° céréales de printemps ; 3° jachère morte.

Le fumier s'emploie sur la sole d'hiver et sur l'orge à raison de 15,000 kilog. par hectare ou 28 chars à bœufs.

Il se récolte dans ce domaine une grande quantité de noix, qui , cette année-ci , ne s'élève pas à moins de 200 hectolitres. On y récolte aussi une grande quantité de pommes et de poires.

Quelle préparation donne-t-on à la terre avant de semer les prairies artificielles ? La préparation de semences de printemps sur lesquelles on les sème , qui sont ordinairement l'orge et l'avoine.

Moyen de guérir une vache laitière qui a perdu un ou plusieurs trayons.

Il arrive souvent dans les exploitations un peu considérables que des vaches laitières, excellentes sous tous les rapports, perdent tout-à-coup un ou deux de leurs trayons, en sorte qu'elles finissent par ne plus donner de lait par ces organes et que la sécrétion est diminuée d'autant.

Cette perte est presque toujours occasionnée par un manque de précaution, ou bien par la négligence de la personne chargée de traire l'animal. Soit qu'elle n'ait pas l'habitude du service qu'elle a à remplir, soit qu'elle veuille éviter de se donner trop de peine, elle se dispense de traire la vache à fond et n'extrait du pis que le lait qui s'y trouve formé, laissant ainsi inutile tout celui qui est déposé dans les vaisseaux lactifères, lequel est incontestablement le plus riche: Or, cette négligence se renouvelant plusieurs jours de suite, il en résulte une diminution progressive dans la production du lait, jusqu'à ce qu'arrive enfin la perte totale des trayons.

A ce propos, et pour prouver l'importance du choix d'une bonne vachère, nous citerons un fait qui vient de se passer dans une exploitation agricole de la province de Limbourg. Une très-bonne vache laitière, âgée de six ans et nouvellement achetée, donnait à son arrivée chez le nouveau propriétaire 27 litres de lait par jour. Moins d'une semaine après son installation, elle n'en donnait déjà plus que 20 litres, puis arriva à n'en plus produire que 12 litres, bien qu'elle reçut une nourriture à la fois plus forte et plus succulente qu'auparavant. Ce fait paraissait d'abord étrange, inexplicable même ; mais plusieurs circonstances de même nature aidant, on finit enfin par découvrir que la servante en était la cause. On lui donna congé pour en prendre une autre mieux au courant de sa besogne. Cette détermination eut les plus heureux résultats, car toutes les vaches de l'étable donnèrent davantage ; celle dont il vient d'être question ne tarda même pas à regagner les qualités qu'elle avait perdues, et produisit le seizième jour après ce changement 24 à 25 litres de lait toutes les 24 heures. C'est là une observation dont les cultivateurs feront bien de prendre note afin de pouvoir en tirer parti à l'occasion.

Pour en revenir à notre sujet primitif, nous dirons que, jusqu'ici, une fois un trayon perdu chez une vache, on s'ac-

cordait à dire qu'elle avait diminué d'un quart ou d'un cin-
quième de sa valeur comme bête laitière; et c'était avec raison, car elle ne cessait pas seulement de produire par cet or-
gane pendant une saison, mais elle avait le défaut de rester
indéfiniment dans ce fâcheux état. Heureusement le hasard
vient de faire découvrir (et cela dans une circonstance assez
bizarre) les moyens de remédier à un mal qui paraissait complètement incurable. Voici le fait :

Une vache, pleine de 8 mois environ, était exposée en vente
chaque fois qu'il se présentait une foire, parce qu'elle avait
deux trayons paralysés. Comme cette bête avait une fort belle
apparence, elle était très-recherchée. Il survint donc beaucoup d'amateurs pour l'acheter; mais, vérification faite de
l'état du pis, chacun de s'en aller comme si l'animal avait eu
un défaut héréditaire, de sorte que le vendeur en était pour
ses peines. Un beau jour cependant, le propriétaire remar-
qua, à sa grande surprise, qu'à la suite de tractions continuelles exécutées par lès marchands, l'un des trayons affectés re-
vint à son état normal. On s'empressa alors de pousser l'expérience plus loin, en sollicitant la sécrétion laiteuse sur
l'autre trayon inerte, jusqu'à ce qu'il fût rendu productif, il
en résulta qu'à l'époque du part, la vache était guérie de son
infirmité et donnait du lait en abondance par tous ses organes.

La même expérience fut renouvelée l'année suivante sur
deux autres bêtes avec tout autant de succès. Ainsi, pour ra-
mener à l'état normal le pis d'une vache qui aurait perdu un
ou plusieurs de ses trayons, il suffirait de solliciter la sécrétion
du lait en pratiquant trois ou quatre fois par jour, pendant les
trois semaines qui précèdent la mise bas, une traction douce
simulant l'action elle-même de traire ; il est facile de répéter
ces essais, car ils n'exigent aucune dépense, et les sujets ne
font jamais défaut.

Nous devons ajouter, dans l'intérêt de la vérité, qu'on n'ob-
tient pas tout-à-fait autant de lait par les parties du pis qui ont
été malades que par celles qui sont restées saines. Cependant
la différence n'en est pas très-sensible : c'est ce qui rend la
découverte importante, et nous engage à la communiquer
immédiatement à nos lecteurs.

(Bulletin agricole de L'INDÉPENDANCE BELGE.)

PRIX MOYEN DES GRAINS,

PAR HECTOLITRE,

D'APRÈS LES MERCURIALES DES MARCHÉS DU DÉPARTEMENT

de la Lozère,

PENDANT LE DERNIER SEMESTRE 1851.

MOIS par QUINZAINE.		FROMENT.		MÉTEIL.		SEIGLE.		ORGE.		AVOINE.	
		fr.	c.	fr.	c.	fr.	c.	fr.	c.	fr.	c.
Juillet	1re	15	70	14	06	12	27	»	»	7	38
	2e	16	16	13	42	12	32	»	»	7	62
Août	1re	15	51	14	38	12	16	»	»	7	52
	2e	15	34	14	91	12	00	»	»	7	79
Septembre	1re	15	36	12	04	11	74	»	»	7	52
	2e	15	27	12	34	11	33	»	»	7	27
Octobre	1re	14	97	12	34	11	09	»	»	7	73
	2e	14	91	12	08	10	88	9	50	7	14
Novembre	1re	15	09	11	75	10	89	»	»	6	91
	2e	15	03	12	24	10	89	»	»	6	69
Décembre	1re	15	04	12	00	10	98	»	»	6	91
	2e	14	94	12	41	11	06	9	20	6	86
Totaux....		183	26	153	97	137	51	18	70	87	34
Prix moyen....		15	27	12	83	11	46	9	35	7	28

TABLE DES MATIÈRES.

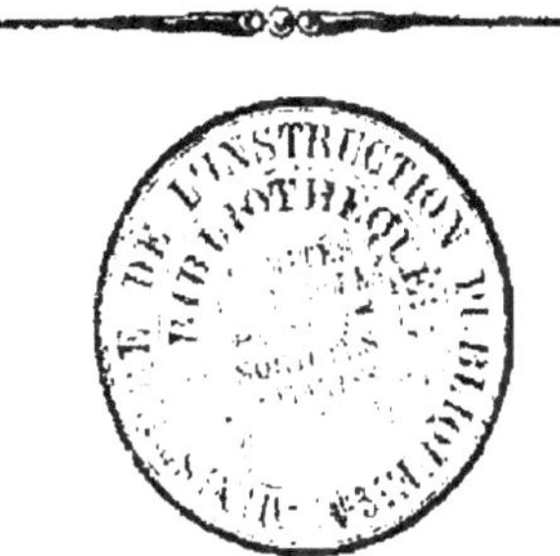